AF470111

ATHÉNŒUM

OU

IDÉES D'UN CITOYEN,

SUR le nouvel Édifice construit dans l'enceinte du Palais Royal.

ATHÉNŒUM

OU

IDÉES D'UN CITOYEN,

Sur le nouvel Édifice construit dans l'enceinte du Palais Royal.

Felicesque vocat pariter studioque locoque
Mæonidas : . . . .
» Vera refers, meritoque probas artemque locumque ;
» Et gratam sortem, tutæ modo simus, habemus ».
OVID. METAM. LIB. V.

A PARIS,

Chez les SUISSES du Palais Royal & de la Chancellerie de S. A. S. Mgr le *DUC D'ORLÉANS ;*
Place du Louvre au dépôt des Fontaines épuratoires à pierre filtrante, approuvées par l'Académie Royale des Sciences ;
Et à Versailles chez les LIBRAIRES du Château.

M. DCC. LXXXIX.

Avec Approbation & Privilége du Roi.

AU GOUVERNEMENT,

A SON ALTESSE SÉRÉNISSIME

Mgr LE DUC D'ORLÉANS,

AUX SAVANS,

AUX ARTISTES,

AUX AMIS DU BIEN PUBLIC ET DE L'HUMANITÉ.

LE ſuffrage que des Perſonnes diſtinguées dans les Sciences & dans les Arts, ont paru accorder au Projet, dont l'édifice qui vient d'être élevé dans l'enceinte du Palais Royal, m'a fait naître l'idée;

m'inſpire la reſpectueuſe liberté que je prends d'en faire hommage au Gouvernement, à S. A. S. Monſeigneur le Duc d'Orléans (*a*), aux Savans, aux Artiſtes, & aux Amis du bien public & de l'humanité.

Ce Projet a pour but l'avancement

(*a*) En publiant cet Ouvrage, je ne ſaurois trop m'empreſſer de faire connoître l'encouragement que j'ai reçu de S. A. S. Monſeigneur le Duc d'Orléans, & de lui en rendre mes très-humbles & très-ſincères actions de grace. La lettre que M. le Comte de la Touche, Chancelier de S. A. S., a bien voulu m'adreſſer, & qu'il m'a permis d'imprimer, prouvera mieux que tout ce que je pourrois dire, combien on peut compter ſur la protection de ce Prince, & ſur l'intérêt du digne organe de ſes volontés, pour tout ce qui a du rapport à l'avantage & à la gloire de la Nation. Voici cette lettre :

Palais Royal, *ce* 11 *Avril* 1789.

« J'ai pris connoiſſance, Monſieur, du Projet que » vous avez conçu ſur l'uſage qu'il ſeroit poſſible de des Sciences & des Arts, la propagation & l'entretien des Vertus ſociales, l'avantage & l'honneur de la Capitale & de la Nation.

Un Etabliſſement qui pourroit, en opérant de ſemblables effets, donner de l'eſſor à toutes les imaginations, & une grande énergie à toutes les ames, dans un moment où la Nation Françoiſe fixe ſur elle les yeux du monde entier; un pareil Etabliſſement, dis-je,

---

» faire du Cirque conſtruit dans le Palais Royal. Je me » fais un plaiſir d'applaudir à vos vues, & de vous » annoncer qu'elles vous ſerviront de recommandation » auprès de Monſeigneur le Duc d'Orléans. C'eſt avec » de telles idées qu'on peut flatter les deux grandes » paſſions de ſon ame, l'amour du bien public & l'en» couragement des Beaux Arts ».

Je ſuis très-parfaitement, Monſieur, &c.

Signé, le Comte DE LA TOUCHE.

mérite bien d'intéresser généralement à son existence.

MONIER (*a*), Avocat de Turin.

(*a*) Le sieur Monier est fils & neveu des frères Monier, François, anciens Banquiers de la Cour de Sardaigne, Fermiers Généraux de S. A. S. Monseigneur le Duc de Modène, qui ont eu l'honneur de servir long-tems la Cour de France; dans les deux dernières guerres d'Italie pour les fonds, la fourniture, la subsistance des Armées & les Hôpitaux; & en tems de paix dans toutes les occasions qui se sont présentées.

ATHÉNŒUM
OU
IDÉES D'UN CITOYEN,

SUR le nouvel Édifice conſtruit dans l'enceinte du Palais Royal.

ON a déjà donné au bâtiment élevé dans l'enceinte du Palais Royal le nom de *Cirque*, qui déſignoit chez les anciens Romains *un lieu ovale & ſpacieux, enfermé de murailles, où ſe faiſoient à Rome les repréſentations des jeux publics.*

Un Citoyen ignoré, mais qui oſe mêler ſes vœux à l'acclamation univerſelle pour la gloire de S. A. S. Monſeigneur le Duc d'Orléans, &

pour le progrès du bien public, prend la liberté de propoſer :

Qu'au titre trop vague de *Cirque* l'on ſubſtitue celui *d'Athénœum*, que les Grecs avoient donné au Temple de Minerve, qui étoit l'aſyle & comme le rendez-vous des Sciences & des Arts. Ce Temple embelliſſoit la célèbre ville d'Athènes. Les Grecs s'y rendoient avec affluence, & comme chez les Athéniens, Minerve préſidoit aux connoiſſances humaines, l'Athénœum deſtiné à leurs exercices devint ſynonyme du Temple de Minerve ; & certes, pour honorer les Sciences & les Arts, ils ne pouvoient rien faire de plus que d'en aſſimiler l'étude au culte d'une de leurs premières Divinités, & de métamorphoſer en un ſanctuaire l'endroit où l'on s'en occupoit particulièrement.

L'Athénœum chez les Grecs réuniſſoit tout ce que non-ſeulement Athènes, mais la Grèce entière, poſſédoit d'hommes illuſtres dans les Sciences & dans les Arts. C'étoit-là que s'aſſembloient les Savans & les Artiſtes ; que les projets des ouvrages qui ont immortaliſé cette nation, étoient expoſés & approuvés d'après les idées, les lumières, les modèles & les conſeils des grands Maîtres. C'étoit-là que le Savant ou l'Artiſte qui s'étoit diſtingué par ſes productions, ſe voyoit applaudi par ſes concitoyens ; & ſe trouvoit encouragé à de nouveaux efforts dans la carrière qu'il avoit embraſſée.

L'homme de goût voyageant à Athènes de toutes les parties du monde, ne manquoit pas de ſe rendre à l'Athénœum, & étoit à portée de voir dans ce Temple, comme dans un foyer, tout ce que la Grèce pouvoit offrir d'utile, d'agréable & d'intéreſſant à l'œil de toute eſpèce de curieux. Rome elle-même envoyoit ſes enfans à Athènes pour perfectionner leur éducation. Cicéron nous apprend que ſon fils étoit à Athènes, où il l'exhortoit à bien ſuivre les leçons du célèbre Cratippe, en lui adreſſant ſon Traité des devoirs, monument auſſi honorable à la belle ame, qu'au grand génie de ce Prince des Orateurs.

Il en ſera de même pour la Capitale de la France, lorſqu'il y aura un Athénœum comme dans la Capitale de la Grèce. L'Etranger viendra à Paris plus que jamais, attiré par l'Athénœum du Palais Royal. Il ſera à portée de voir, comme dans un centre, tout ce que la France poſſédera de plus précieux dans les Sciences & les Arts. Quel bien n'en réſultera-t-il pas pour les Sciences & pour le Royaume ? Quels avantages ne recueillera-t-on pas de l'affluence des Etrangers qui s'y rendront de toutes parts ? Le faſte de Louis XIV, les Fêtes, les Carrouſels, les Théâtres, les repréſentations des Jeux publics, les Académies des Sciences, des Lettres & des Arts, les Œuvres de la magnificence de ce règne mémorable entroient dans les plans que Colbert propoſoit à ce Monarque pour ſa gloire, pour le bien du Royaume, pour l'amélioration des Finances ; & l'on ne peut point douter que ce grand Miniſtre, qui avoit conçu & exécuté le projet de faire de Paris le centre des beaux Arts, ne ſe fût occupé de celui de leur conſtruire un ſanctuaire, s'il eût vécu plus longtems. Cette inſtitution auroit obtenu, ſans contredit, l'approbation de nos ancêtres, & celle de leurs deſcendans ; & le nom du Prince ou du Miniſtre qui en eût été le fondateur, ſeroit allé à l'immortalité avec elle.

Si cet établiſſement eût exiſté ſous ce règne, ſemblable à celui d'Auguſte, par la grandeur du Monarque & par les grands Hommes qui ont paru dans tous les genres, ces hommes euſſent ſans doute acquis plus de gloire de la part de leurs contemporains, & pour en mériter encore davantage, leurs vertus & leurs talens divers euſſent peut-être acquis un nouveau degré d'intenſité qui nous auroit procuré d'autres merveilles.

Les grands Poëtes Deſpréaux, Corneille,

Racine, Molière, la Fontaine, Chaulieu, & tant d'autres que nous connoiſſons, euſſent, en chantant ce monument, célébré les grands Miniſtres, les Guerriers fameux, les Orateurs renommés, les Savans, & les Artiſtes de leur tems, & tranſmis leur gloire à la poſtérité la plus reculée, avec le nom du ſanctuaire où ces hommes auroient été applaudis, fêtés & couronnés par la Nation.

Si cette inſtitution eût été imaginée ſous Louis XIV, elle eût été immanquablement accueillie. Dès-lors le génie & le bon goût de ce beau ſiècle n'auroient plus dégénéré, & la race des grands Hommes ſe ſeroit perpétuée à la lueur du flambeau des Sciences & des Arts, qui, à ce moyen, ſe trouveroient plus avancés parmi nous. Enfin nous nous verrions au même degré de ſplendeur & de proſpérité, où étoient les Athéniens dans les tems les plus floriſſans de leur République. En effet, il eſt prouvé par l'expérience que le bien-être & la grandeur d'une Nation ne dépendent ſouvent que d'une ſage inſtitution, d'un établiſſement propre à exciter & encourager la vertu, & à donner de l'émulation pour la perfection des connoiſſances humaines (1).

(1) M. Gillies a très judicieuſement remarqué dans ſon Hiſtoire de l'ancienne Grèce, traduite de l'Anglois

Cet établiſſement a toujours manqué à la France, quoiqu'on ait eſſayé d'y ſuppléer par nombre d'inſtitutions du même genre, telles que le Muſée de Paris, le Lycée, la Société connue ſous le nom des Neufs-Sœurs, les Clubs, les Cabinets Littéraires, les Dîners ou Soupers des Savans, des Gens de lettres & des Artiſtes, les Loges maçonniques, & autres Aſſemblées que nous avons vu s'établir de nos jours dans cette Capitale, par une ſuite du progrès des lumieres de la Philoſophie. Tous ces établiſſemens ne pourroient ſe comparer avec celui qu'on propoſe à l'inſtar de l'Athénœum des anciens Grecs, & ne pourroient jamais produire les mêmes effets qui en réſulteroient pour les Sciences & les Arts, & pour la gloire & l'utilité non-ſeulement de la Capitale, mais de toute la France, & de l'Humanité entière. Il convient à

---

par M. Carra, qu'une des cauſes de la prééminence que prirent rapidement les anciens Grecs ſur toutes les autres Nations, fut la multitude des belles inſtitutions qui ſervit d'éducation univerſelle à ce peuple, parmi leſquelles il faut compter celles des Jeux olympiques. Ce dernier établiſſement, dit l'Auteur, a été très-favorable à la perfection de la Société, & très-propre à faciliter le commerce, à exciter le goût des connoiſſances, à adoucir les préjugés, & à accélérer les progrès de la civiliſation & de l'humanité.

notre tems de fonder cet établiſſement. C'eſt à la France qu'il appartient de faire cette grande œuvre, & particulièrement à ſa Métropole. Sa prépondérance ſur toutes les Nations de l'Univers lui en donne le droit & lui en impoſe le devoir ; elle ſe le doit à elle-même ; elle le doit à l'humanité & à la poſtérité, laquelle ſeroit d'autant plus fondée à lui reprocher de ne l'avoir pas fait, que nous avons toutes les facilités pour le faire.

La France a aujourd'hui le bonheur de poſſéder un Prince qui réunit à l'amour des Beaux-Arts, des connoiſſances rares dans ceux même qui les cultivent. C'eſt à ce Prince auguſte qu'il étoit réſervé d'ouvrir, dans ſon Palais, aux Sciences & aux Arts, un aſyle digne d'eux & digne de lui. Un édifice vient d'être élevé, qui, par la ſituation de ſon local, par la forme de ſa conſtruction, & par le concours le plus heureux de circonſtances, paroît comme deſtiné à former cet aſyle. Les habitans de Paris ſont habitués à ſe rendre dans le Jardin enchanté qui l'environne. Il n'eſt aucun Etranger qui, en arrivant à Paris, ne ſoit empreſſé de viſiter ces lieux, attiré par la renommée dont ils jouiſſent dans tous les Pays où le nom de la France eſt prononcé. D'ailleurs tout s'y trouve à la portée du public, ſoit pour les chofes néceffaires & utiles, foit pour les agréables. Il ne reftoit plus pour leur embelliffement qu'à y conftruire l'édifice dont j'ai parlé : il ne reftoit qu'à faire de cet édifice le feul emploi convenable au Prince qui l'a conftruit. D'abord cet édifice eft très-fpacieux, & quoique dans fa circonférence la forme en foit ovale, il fe trouve plus reffemblant dans tout fon corps & dans toutes fes parties, aux Temples des anciens Grecs, qu'aux Cirques des Romains. Il y règne intérieurement dans tout le contour cet ordre de colonnes, qu'on ne voit que dans les anciens Temples des Grecs. Les galeries latérales, foit inférieures, foit fupérieures, ajoutent à cette forme religieufe fur laquelle cet édifice eft modelé. Son élévation, le jour qu'il reçoit par une voûte tranfparente, fes ornemens & fa décoration intérieure & extérieure, achèvent de le repréfenter à tous les yeux fous l'image d'un Temple. En un mot, tout annonce que c'eft dans ce deffein que le plan de l'édifice a été formé par l'un de nos plus célèbres Artiftes, dont ce chef-d'œuvre atteftera à jamais les grands talens, & accroîtra la réputation en confacrant, pour ainfi dire, les vues de bien public qui ont dirigé tous fes ouvrages (1).

(1) La falle de Spectacle de Bordeaux eft, fans contredit,

Les exercices des Sciences & des Arts, auxquels cet édifice feroit employé, n'excluroient point ceux des Jeux publics, dont on voudroit donner les repréfentations, ni aucune fête publique ou particulière, où le fecours des Arts feroit néceffaire. Il n'eft aucun jeu, aucune fête qui n'intéreffe les Arts, & qui n'ait befoin de leur miniftère, foit pour la décoration du lieu, foit pour les moyens de la repréfentation. D'ailleurs ne feroit-il pas poffible de faire fervir les jeux & les fêtes qu'on voudroit donner dans l'Athénœum au Public ou à des compagnies de Citoyens, à célébrer les différens exercices des Sciences & des Arts, qui formeroient le principal objet de l'inftitution de l'Athénœum? Il eft aifé d'apercevoir les avantages d'une pareille inftitution en leur faveur. Quel véhicule n'offriroit pas l'Athénœum pour leur culture & pour leurs triomphes? Leur amour fe propageroit généralement

---

un des premiers morceaux en ce genre; & la place qui fe conftruit dans la même ville, rappelle aux connoiffeurs les monumens des Grecs & des Romains que nous admirons à fi jufte titre. On achevera de rendre à l'Architecte, dont nous effayons la louange, l'hommage dû à fon mérite, dès qu'il aura exécuté la falle d'Opéra, que la Capitale de la France attend de fon génie.

& s'exciteroit avec véhémence dans tous les cœurs. La gloire, le plus grand mobile du cœur humain, surtout pour les François, la plus précieuse récompense du Savant & de l'Artiste n'auroit jamais été plus assurée, ni plus abondamment moissonnée par ceux qui en auroient le droit, qu'alors que les œuvres & les productions des Savans & des Artistes recevroient le suffrage des Citoyens assemblés dans le Temple de Minerve; que la couronne de cette Déesse seroit mise sur la tête des Auteurs illustres; que leurs noms seroient célébrés, & que leur personne ou leur image seroient fêtés par les acclamations & les applaudissemens d'une brillante assemblée, au son mélodieux d'un orchestre composé des plus habiles Musiciens, par les danses de la plus aimable jeunesse. Les Citoyens de tous les ordres ne se seroient-ils pas portés en foule à l'Athénœum, lorsque M. de Mongolfier fit la découverte de l'Aérostation? Le Physicien Orateur qui eût fait la description de ce phénomène, & de l'expérience qui a excité notre admiration, eût été écouté avec enthousiasme dans ce Temple. L'inventeur eût obtenu, par le suffrage le plus unanime de l'assemblée, la couronne de Minerve. Qui n'eût pas cherché à voir dans l'Athénœum l'intrépide Blanchard?

Et qui n'eût pas été verser des larmes sur le mausolée qui eût été dressé dans le Temple de Minerve, en l'honneur du nouvel Icare, le malheureux Pilatre des Rosiers? N'eût-on pas aussi célébré avec transport le voyage aérien du Prince, lorsque par ardeur pour la Science aérostatique, il eut le courage de se livrer au risque des essais, dans une carrière si périlleuse, & dans une région si peu frayée?

Les actions de vertu, d'héroïsme, de patriotisme & d'humanité, que les tems & les événemens fourniront, seront aussi annoncées & célébrées dans l'Athénœum, & leurs auteurs, & les principaux acteurs ou protecteurs, ou rémunérateurs seront couronnés & fêtés dans ce lieu destiné pour être le sanctuaire de la vertu, de sorte qu'on y décernera la couronne civique à tout Citoyen, & à tout homme qui l'aura méritée par des œuvres, relatives aux Sciences & aux Arts, ou par des actions de patriotisme, de bienfaisance & d'humanité.

On se seroit sans doute empressé d'accueillir & d'honorer dans l'Athénœum, les d'Orvilliers, les de la Touche, les Guichen, les Bouillé, les de la Motte-Piquet, les Duchaffault, les d'Estaing, les Suffren, Rochambeau, la Fayette, Coësdic, & tant d'autres de nos Officiers qui se ſont ſignalés dans la guerre de la Liberté américaine. Il y a plus, l'image de ces grands hommes eût déjà orné ce Temple, & ces précieux monumens euſſent échauffé nos jeunes Guerriers de la noble paſſion qui ſeule peut les engager à ſuivre les traces de ces Héros, & les faire parvenir un jour à mériter d'être placés à côté de leurs Capitaines. Les Hommes illuſtres dans les Sciences & dans les Arts y euſſent reçu les mêmes honneurs; Monteſquieu, d'Alembert, Diderot, Rouſſeau, Voltaire, Buffon, Pigal, Gluch, Piccini, Sachini, Vernet, Greuze, Houdon, & tant d'autres Hommes célèbres que la France poſsède même encore vivans, & ceux qui appartiennent aux autres Nations, parmi leſquels nous ne nommerons que Franklin, puiſqu'une aſſemblée compoſée de nos Citoyens les plus notables, par leur naiſſance, par leur rang & par leurs dignités, par les lumières & par les vertus ſociales, vota en 1786 pour ce Sage de l'Amérique un genre d'honneur, dont il n'y avoit pas d'exemple depuis l'Empereur Trajan, le délice du peuple Romain (1).

---

(1) Le Sénat de Rome vota l'éloge de Trajan vivant. Une Société Littéraire connue ſous le nom des Neufs-Sœurs en 1786, a voté de même l'éloge de Franklin vivant.

N'auroit-on pas auſſi fêté & célébré l'innocence de la fille Salmon, & le zèle de ſon généreux défenſeur, & les Victimes ſauvées par le Préſident Dupaty, l'un des hommes qui a honoré le plus & les Lettres, & la Magiſtrature & l'Humanité ?

L'ardeur du François pour les actions brillantes ; le progrès des Sciences & des Arts ; l'amour du bien ; la propagation rapide des lumières de l'eſprit humain & des vertus ſociales ; les tems & leur amélioration ; les évènemens qui ſe ſuccèdent en foule & rapidement dans un grand Empire, tel que la France & pluſieurs autres (1), adminiſtreront avec abondance des Sujets, des Hommes, des Citoyens, des Héros, des grandes œuvres, de grandes actions, de grands exploits à conſacrer dans les faſtes de l'Athénœum, & par ſes aſſemblées & ſes fêtes.

Ce ſanctuaire ſera en outre deſtiné à annoncer, à former & à recevoir des projets & des ſouſ-

---

(1) L'action d'humanité vraiment héroïque du Prince Léopold de Brunſwick, eût fourni un ſujet noble pour l'Athénœum. Celle de S. A. S. Monſeigneur le Duc d'Orléans, à laquelle le Jocquet de ce Prince doit ſon ſalut, préſente un évènement & une ſolemnité dans le même genre.

criptions pour des encouragemens pour les Sciences & pour les Arts, pour les Savans & pour les Artiſtes, pour des récompenſes d'actions de vertu & d'humanité, pour des fondations d'établiſſemens utiles & patriotiques, pour ſecourir l'humanité ſouffrante, enfin pour exciter & entretenir toutes les vertus ſociales. Les Anglois, ſi leur génie leur eût fait concevoir avant nous l'idée d'un pareil ſanctuaire, auroient, ſelon toute apparence, choiſi un lieu auſſi majeſtueux, préférablement à tout autre, pour mettre au jour le projet qui leur fait tant d'honneur, concernant la ſuppreſſion du commerce barbare des Nègres, de leur ſervitude, & du traitement inhumain qu'on leur fait dans les Colonies Angloiſes. S'il eſt vrai que cette Nation nous ait devancés dans cette touchante conception, nous pourrons au moins leur diſputer l'exécution d'un ſi beau projet. Le caractère qui diſtingue le François, c'eſt-à-dire, l'ardeur qu'il met dans toutes ſes actions, nous fera partager, du moins avec eux, la gloire de cette entrepriſe, par l'empreſſement avec lequel nous exécuterons dans nos Colonies cette heureuſe révolution, que l'humanité nous demande à grands cris, & que nous ne ſaurions différer ſans déshonorer le ſiècle auquel cette révolution étoit réſervée, & ſans nous avilir aux yeux de la Nation, qui eſt notre émule dans la carrière de l'honneur & de l'humanité. En effet, à peine le Monarque qui nous gouverne, a-t-il rendu à la Société une multitude de Citoyens qui en étoient iſolés par leur culte, que la Nation Angloiſe s'eſt émue en faveur des Catholiques Romains, de ſorte qu'il y a lieu de croire qu'elle ne tardera pas de donner une preuve éclatante de juſtice & de généroſité. Eh! que ne peut la Philoſophie ſur un peuple qui ſe pique d'en ſuivre dans tout les grands principes?

L'inſtitution de l'Athénœum auroit auſſi pour objet d'encourager la Jeuneſſe dans les Sciences & dans les Arts, & dans l'exercice de toutes les vertus qui caractériſent le bon Citoyen. Les jeunes Elèves qui auront donné des preuves rares de talent & de vertu, ſeront appelés à l'Athénœum pour recevoir le témoignage public de l'approbation qu'ils auront méritée. Outre les applaudiſſemens qu'ils obtiendront, on leur accordera un ſigne d'honneur, par une médaille que l'Athénœum fera frapper pour cette ſolemnité (1); & on inſcrira leurs noms dans un

---

(1) La médaille que l'Athénœum fera frapper pour diſtribuer aux Elèves dans les Sciences, dans les Lettres & dans les Arts, repréſentera ſur un côté un Temple,

regiſtre qui ſera mis ſous les yeux du public. Les Etudians de l'Univerſité & des différens Colléges où l'on inſtruit la Jeuneſſe dans les Sciences & dans les Arts, auront droit de concourir aux aſſemblées que l'Athénœum leur aura deſtinées, lorſqu'ils auront remporté dans leurs lices ordinaires les prix qui leur ſont décernés par cette ancienne inſtitution, dont l'effet eſt ſi puiſſant pour produire l'émularion. Le même concours aura lieu en faveur des Arts & des Artiſtes. Les Elèves de l'Académie d'Architecture, de Peinture, de Sculpture, de Gravure, & ceux de l'Ecole gratuite de deſſin, ceux même des Arts mécaniques s'y préſenteront toutes les fois qu'ils auront donné des preuves de leur avancement par des morceaux dignes d'être vus

---

où la Déeſſe Minerve, aſſiſe ſur ſon trône, tiendra dans ſa main une couronne de laurier, dans l'attitude propre à couronner le mortel qui vient à ſes pieds. Elle contiendra, dans ſa circonférence, la légende portant ces mots : *Athenæum pro ſcientiis, humanioribus litteris, boniſque artibus, nec non optimis moribus. Lutetiæ anno M. DCC. LXXXIX. menſ. die ;* ou *l'Athénœum aux Sciences, aux Lettres, aux Arts & aux bonnes Mœurs. A Paris....l'an.... le mois.... le jour.* Sur l'exergue on lira : *Ingenii & virtutis præmium & ſtimulus ;* ou *aiguillon & récompenſe des talens & de la vertu.*

dans

dans l'Athénœum , & qu'ayant obtenu le suffrage des Gens de l'Art qui président à leur instruction ils auront remporté le prix que le Gouvernement a soin de faire distribuer tous les ans en vue de les encourager. On donnera à ces Elèves une fête analogue à l'espèce de solemnité qui sera le plus convenable aux Sciences , aux Lettres, aux Arts, & aux Elèves même. Ceux de l'Académie Royale de Musique partageront à leur tour les mêmes honneurs , ainsi que les Elèves de Danse. Il y aura en outre de tems en tems des combats de Gladiateurs ou assauts d'armes, auxquels pourront concourir les Maîtres, les Elèves, & les Amateurs qui seront connus pour habiles dans cet Art.

Les exercices & les représentations qu'offrira l'Athénœum, ses honorables récompenses dans les différens genres, suivant les loix de son institution, seront non-seulement pour les Savans & les Artistes de la Capitale & des Provinces du Royaume, mais encore pour ceux de l'Etranger. Un Savant ou un Artiste qui se sera distingué dans quelque Pays que ce puisse être par une découverte, par un ouvrage ou par une production de génie , sera annoncé dans l'Athénœum, applaudi & fêté de la manière la plus digne du lieu , de l'auteur & de sa production , & on instituera, pour cet effet des séances ou assemblées qui y seront particulièrement destinées. Enfin toutes les inventions rares, intéressantes & nouvelles, de quelque genre qu'elles soient, qu'elles regardent des choses de nécessité, ou d'utilité ou d'agrément, qu'elles aient été produites en France, ou qu'elles viennent de l'Etranger, pourront être exposées dans l'Athénœum, & leurs inventeurs, & ceux qui les auront perfectionnées, seront indiqués par leur nom & fêtés dans l'assemblée. Et pourquoi l'heureux & habile Herschel n'auroit-il pas droit d'être proclamé dans l'Athénœum ? Est-il un amateur des Sciences qui ne voulût prendre part à la fête qu'on donneroit pour célébrer ce Savant, & l'époque où il enrichit l'Astronomie ? En un mot, tout ce qui peut concourir à la perfectibilité de l'homme entreroit dans le plan d'institution de l'Athénœum. Cet établissement sera non-seulement pour la Capitale de la France, mais pour la France entière, & même pour toutes les Nations de l'Univers.

Les avantages que présente un tel établissement sont inappréciables, de même que l'honneur qui en reviendra à la France, au Gouvernement, au Prince & à la compagnie de Citoyens, qui en seront les fondateurs. On verra aussitôt fleurir, & plus encore que chez aucun des anciens Peuples, les Sciences, les Arts, & toutes les vertus sociales dans cette ville immense, qui pour lors deviendra la Capitale & le centre des deux mondes, puisqu'elle possédera un établissement prodigieux en quelque sorte, & supérieur à tous ceux dont aucune Nation ait conçu l'idée. Il n'appartient qu'au génie de présenter le flambeau de toutes les connoissances humaines aux hommes, de leur former l'esprit, de leur façonner le cœur, & de leur indiquer la route à tenir pour se procurer la félicité, en franchissant les entraves de l'ignorance & de la barbarie, & en faisant usage des moyens qui sont à leur portée pour satisfaire à leurs besoins, pour soulager leurs maux, pour aider à leur foiblesse, & pour accroître leurs jouissances : & telle est la destination de l'Athénœum.

Puisse un si grand projet se réaliser dans toute son étendue ! Puisse-t-il obtenir un succès digne de la France & de S. A. S. Monseigneur le Duc d'Orléans, auxquels on a l'honneur de le soumettre !

L'exécution de ce projet paroît non-seulement possible, mais même aisée à Paris. Cette ville imposante par le nombre de ses habitans & par l'affluence de ses richesses, en offre toutes les ressources. L'emplacement du Palais Royal, l'édifice conſtruit dans ſon centre & ceux de l'enceinte ſe trouvent propres à ſa formation, ainſi qu'on l'a déjà obſervé. Les Savans & les Artiſtes qui vivent dans les murs de cette Capitale, s'empreſſeront de concourir, autant qu'il eſt en eux, à un établiſſement qui leur eſt particulièrement deſtiné. Les Citoyens de tous les Ordres y concourront également par leur zèle patriotique pour une inſtitution nationale ſi utile, & même par le beſoin de ſe délaſſer des occupations ſérieuſes par les plaiſirs qu'ils y trouveront, plaiſirs exquis, variés, & les plus analogues à la dignité de l'homme. On les verra ſe preſſer pour ſouſcrire aux abonnemens qu'on leur propoſera pour avoir part à toutes les aſſemblées & à toutes les réjouiſſances de l'Athénœum. Le reſte des particuliers y ſera attiré par la célébrité que ſes aſſemblées, ſes repréſentations & ſes ſpectacles ne tarderont pas d'acquérir, & par l'écho de ſatisfaction, qui retentira de la part de ceux qui y auront aſſiſté. On ne craint pas de dire que jamais ni aſſemblée, ni repréſentation, ni jeu, ni aucun ſpectacle n'aura plus intéreſſé & n'aura eu plus d'amateurs que l'Athénœum. Ce ſpectacle raſſemblera tout ce que les autres ſpectacles, imaginés juſqu'ici, peuvent avoir de plus recherché & de plus piquant pour l'homme de goût. La réunion des Sciences & des Arts ne pourroit offrir qu'un tableau magnifique, une image propre à émouvoir l'ame en l'élevant. La France pourra se flatter, à juste titre, d'avoir un spectacle digne d'elle, utile aux mœurs, & propre à donner de l'essor à la Nation vers tout ce qui peut lui faire atteindre le plus haut degré de grandeur & de prépondérance sur toutes les Nations policées.

L'Athénœum peut aussi servir à faire de la France le foyer des vertus sociales, du bon goût, de l'urbanité, du bon costume, & de tout ce qui tend à perfectionner l'ordre social, non moins qu'à l'embellir.

La France deviendra par lui l'objet de l'admiration de toutes les Nations ; leurs liens avec elle se resserreront ; son alliance sera plus recherchée. Plus formidable à ses ennemis, elle sera plus respectée, & au sein d'une paix profonde & constante, elle verra prospérer plus que jamais son commerce, au moyen de l'industrie excitée & dirigée par les progrès des Sciences & des Arts, & soutenue par les vertus sociales ; elle verra naître l'abondance sur toute la surface de son Royaume, & tous ses Habitans jouir du bonheur sous l'influence d'un Gouvernement éclairé, & sous les loix du meilleur des Monarques.

Nous avons ſous les yeux les monumens qui atteſtent la grandeur de Louis XIV. Ces monumens, en nous retraçant la main des hommes célèbres qui les ont élevés, nous apprennent que la gloire de ce Monarque, le génie de ces hommes, & leurs œuvres, ne ſont que le produit des Sciences & des Arts, & de leur encouragement. Ce règne n'eût pas été grand; ces hommes n'euſſent point exiſté ni leurs fameux ouvrages, ſans les Sciences & les Arts, & ſans leur progrès pour lequel Louis XIV a déployé toute ſa magnanimité & toute ſa puiſſance. Qu'il ſoit permis de remarquer encore une fois que ce Monarque n'eût pas héſité de fonder un Athénœum ſi ſon ſiècle en eût conçu le projet, & en eût eu les facilités, tandis que les tems ou nous vivons, non-ſeulement ſe prêtent à cette inſtitution, mais ſemblent même la ſolliciter.

L'Athénœum produira une nouvelle race d'hommes qui par de grands ouvrages de tous les genres, illuſtreront la France, & le Prince qui la gouverne.

Un pareil établiſſement intéreſſe trop la gloire de notre Monarque, l'honneur du Gouvernement, & le bien de la Nation, pour que, par le plus heureux concours du pouvoir, ſon exécution ne ſoit bientôt ſtatuée & opérée, & pour que S. A. S. Monſeigneur le Duc d'Orléans ne ſe faſſe pas un plaiſir d'y contribuer par l'édifice qu'il paroît lui avoir deſtiné, & par tous les autres ſacrifices que ſon zèle, & ſa ſageſſe lui feront juger néceſſaires & convenables afin d'en acquérir le titre de fondateur pour lui & ſes deſcendans. De tout tems ce Prince a témoigné un amour ardent pour les Sciences & les Arts; il n'a ceſſé de les protéger, & d'honorer ceux qui les profeſſent : intéreſſé comme premier Prince du Sang, au bonheur de la France, il ne peut être que très-porté pour une entrepriſe la plus digne de ſa nation.

Il ſera d'ailleurs aiſé de trouver nombre de citoyens illuſtres par la naiſſance & par les dignités, & nombre de Savans & d'Artiſtes qui s'empreſſeront de préſider ſous les auſpices du Prince à cette exécution, & de la diriger dans la ſuite, ainſi que pour former le meilleur plan de ſon inſtitution, de ſes aſſemblées, de ſes ſéances, de ſes exercices, de ſes repréſentations, de ſes jeux, de ſes fêtes, & de ſes ſpectacles.

On ne ſauroit ſe diſſimuler qu'un ſi vaſte établiſſement n'exige des fonds immenſes pour la dépenſe de ſa fondation & manutention; mais le produit en eſt aſſuré par l'attrait que préſenteront ſoit l'aſſemblage de tous les objets utiles &

agréables, soit un spectacle absolument nouveau; & le plus fait pour captiver la curiosité humaine, & à la fois le plus propre à satisfaire le cœur en formant les mœurs, bien loin de les dépraver, ainsi qu'on l'a souvent reproché à la plupart des spectacles connus. Il ne peut être douteux que le public, par l'affluence avec laquelle il se portera à ce genre de jouissances, partagera non-seulement la dépense de l'Athénœum, mais en supportera de bon gré tout le fardeau.

C'est pour exécuter un projet aussi important qu'avantageux à la France & à la Capitale, & non-moins glorieux pour le gouvernement, & S. A. S. Monseigneur le Duc d'Orléans, que l'auteur a l'honneur de proposer une souscription pour le public, en vue de former une Compagnie d'actionnaires qui se chargeroit de faire les fonds nécessaires pour cette entreprise, & qui prendroit à bail le nouvel édifice construit dans l'enceinte du Palais Royal, aux prix & conditions les plus convenables aux intérêts de S. A. S., & à l'usage qu'on s'obligeroit d'en faire suivant le plan ici proposé, & dont on va essayer de donner le détail. On désintéresseroit même tout locataire de cet édifice au moyen d'un arrangement équitable & juste.

ESSAI

Sur l'Exécution de l'Athénœum.

Il est à présumer que la Capitale de la France, jalouse d'imiter Athènes jusques dans les noms des institutions de pur agrément (1), adoptera volontiers le projet de l'établissement qui a le plus contribué à la gloire & à la splendeur de la Grèce. Dès-lors l'Athénœum étant destiné à servir de sanctuaire & de rendez-vous aux Sciences, aux Lettres, aux Arts & aux autres résultats des habitudes sociales, le plan de son institution doit être nécessairement l'ouvrage des savans & des artistes, soit comme étant particulièrement intéressés à l'établissement, soit comme les seuls capables de le former & d'en diriger l'exécution. C'est donc à eux que cette tâche est réservée; mais, en leur laissant ce soin nous oserons néanmoins observer que le choix des collaborateurs d'une si grande œuvre ne doit tomber que sur ceux dont les lumières, l'activité & le zèle offri-

(1) La principale & la plus agréable promenade d'Athènes s'appelloit les *Céramiques* ou les *Tuileries*. Paris peut se glorifier de ses modernes Céramiques. On les compte au nombre des merveilles de l'Europe. Céramiques vient du grec κεραμως *Ceramos*, qui signifie *tuile*.

roient un sûr garant du succès. Un tel choix est aisé dans cette Capitale, où les Sciences & les Arts fleurissent plus que par-tout ailleurs, & où ceux qui les cultivent sont en affluence. Il y a lieu de croire qu'il n'en est aucun qui ne s'empresse de concourir à un établissement aussi important. Au surplus l'Athénœum ne pourroit point se passer de l'attache de nombre de Savans & d'Artistes, dont il se proposeroit d'offrir au public les documens & les productions. D'abord, il lui seroit indispensable d'avoir des Mathématiciens pour les Mathématiques; des Physiciens pour la Physique; des Chimistes pour la Chimie; des Naturalistes pour l'Histoire naturelle; des Professeurs d'Anatomie & de Médecine; des gens de Lettres pour l'Histoire & la Littérature; des Publicistes pour la Politique; & des Professeurs pour les Langues étrangères qui sont les plus usitées en Europe; des Architectes, des Peintres, des Sculpteurs, des Graveurs & Dessinateurs pour ces beaux Arts; des Musiciens pour la Théorie & la pratique de la Musique; des Danseurs pour la Danse, & même des Maîtres de l'Art des armes. Les expériences les plus curieuses de la Physique, des découvertes nouvelles offriroient sans doute des spectacles fort agréables au public. Le charme des Lettres serviroit à rendre les représentations, les spectacles

& les aſſemblées de l'Athénœum de plus en plus intéreſſantes. Auſſi toutes les fois qu'elles ſeroient ſuſceptibles de quelque pièce de Littérature, ſoit en vers, ſoit en proſe, la diſtribueroit-on imprimée aux ſpectateurs. L'expoſition des bons morceaux dans tous les Arts attireroit dans l'Athénœum, une foule de curieux & d'amateurs, auſſi-bien que les bals & les aſſauts d'armes qu'on y donneroit de tems en tems. Ces différens objets demandent des hommes de Lettres & des Artiſtes ; d'ailleurs il n'appartient qu'à ces derniers de former des plans pour des fêtes, des jeux, des repréſentations & des ſpectacles dignes d'une majeſtueuſe aſſemblée. Les hypothèſes démontreront mieux cette vérité. Suppoſons que l'Athénœum annonce des expériences de Phyſique, les Phyſiciens attachés à l'établiſſement, exécuteront ces expériences, ou aideront au Phyſicien étranger qui aura été admis, à faire connoître ſa ſcience ou à préſenter ſa découverte au public. Lorſqu'il ſe trouvera un certain nombre de morceaux d'Architecture, de Peinture, de Sculpture, de Gravure & de Deſſin, ou autres productions des Arts qui ſeroient jugées aſſez intéreſſantes pour être expoſées dans l'Athénœum, les Artiſtes employés à cette branche de l'établiſſement, prendront le ſoin de l'expoſition de ces objets, d'en proclamer les auteurs

& de faire ſentir le mérite de leurs ouvrages.

Seroit-il queſtion d'un concert, de faire entendre une célèbre cantatrice, un virtuoſo, un fameux Muſicien, de donner une ſymphonie de la compoſition d'un grand maître ou d'un amateur d'un talent rare, d'exécuter une paſtorale, un duo touchant? Les Muſiciens de l'Athénœum diſpoſeront l'Orcheſtre, ordonneront tout ce qui aura du rapport à la Muſique. Il en ſera de même pour les danſes & les aſſauts d'armes qui s'exécuteront dans l'Athénœum.

Les Architectes, Décorateurs ou Machiniſtes de l'établiſſement, dreſſeront les projets & les plans des décorations & des machines que ces ſpectacles pourront exiger pour leur appareil & exécution. Par exemple, l'ouverture de ce Sanctuaire offre la ſolemnité de ſon inauguration, & cette fête feroit deſirer que l'intérieur de l'édifice repréſentât parfaitement le Temple de Minerve, avec les attributs de la Déeſſe, & des emblêmes propres à déſigner, non-ſeulement l'objet de l'inſtitution, mais encore la gloire qui en reviendra à ſes fondateurs.

Suppoſons qu'on veuille honorer la mémoire d'un Savant, d'un Artiſte diſtingué que la mort a ravis aux Sciences, aux Arts; qu'on deſire célébrer un grand homme dans quelque genre, un citoyen qui ſe ſoit ſignalé par quelqu'action brillante ; la repréſentation d'un mauſolée ; l'image du grand homme, le ſimulacre de l'action qui feroit le ſujet de l'aſſemblée, un grand évenement qu'on voudroit repréſenter, n'exigeroient-ils pas une décoration analogue à l'objet? Un bal du plus ſimple coſtume, ceux de tant d'autres genres, un bal champêtre en plein hiver ne pourroient s'exécuter qu'avec des décorations. L'intérieur de l'édifice dont il s'agit, eſt on ne peut pas plus propre pour tous les ſpectacles que le génie le plus fécond ſauroit imaginer. Ce local, par ſa forme, par ſon étendue, par ſon élévation prête à toutes ſortes de décorations, & il feroit aiſé de les y exécuter par des pièces amovibles qu'on dreſſeroit dans un inſtant, & qu'on ôteroit de même pour leur en ſubſtituer d'autres d'un genre tout différent, ſelon la nature des exercices, des jeux, des fêtes, des repréſentations & des ſpectacles que la néceſſité de les varier & le beſoin de repréſenter & célébrer les divers évenemens & les ſujets que les tems fourniroient, obligeroient d'inventer pour ſaiſir le goût du public. De ſorte que ſi un jour on donnoit une repréſentation d'alégreſſe, le jour ſuivant offriroit un ſpectacle lugubre. Dans une ſéance on couronnera un Savant qui aura mis au jour un ouvrage dans les hautes ſciences; l'autre ſéance ſera destinée à un Artiste qui aura fait un tableau précieux ; à un Sculpteur qui aura animé sa statue ; à un Graveur dont le burin aura excellé ; à un habile Dessinateur ; à un Architecte qui aura formé le Plan d'un monument superbe ; à l'auteur d'une importante découverte ; à celui même qui aura obtenu un grand succès dans les Arts mécaniques ; à un Poëte ; à un Poëme ; à une piece de Théâtre couronnée par le suffrage du public ; à un Orateur ; à un Philosophe qui aura annoncé la vérité aux hommes ; à un écrivain qui aura bien mérité de l'humanité, éclairé le Gouvernement ; au fondateur d'un établissement patriotique ; à l'homme qui aura protégé la vertu & l'innocence, qui se sera distingué par une action d'héroïsme, de patriotisme, de bienfaisance & d'humanité. D'autres assemblées serviront à ouvrir & recevoir des souscriptions en faveur d'objets d'utilité publique & nationale ; un incendie, une grêle, un débordement, l'intempérie des saisons, une disette de subsistance, un accident malheureux arrivé dans quelqu'endroit que ce puisse être du Royaume, présentera aux Amis de l'Humanité, aux Citoyens généreux, aux bons Patriotes, l'occasion de s'assembler pour soulager, relever les Victimes du désastre. Ces assemblées seront animées par les plaisirs qui pourront se concilier avec l'intérêt du ſujet dont il s'agira.

L'encouragement de la Jeuneſſe dans les Sciences, les Lettres & les Arts, dans les mœurs & dans tout ce qui peut en former de bons Citoyens, ſera l'objet de quelques aſſemblées dans l'année, où les Elèves qui auront fait des progrès remarquables dans leur carrière, ſeront appellés pour recevoir des témoignages de l'approbation publique. Ces aſſemblées ſeroient ſuſceptibles de quelque fête, & il n'eſt pas douteux qu'on ne s'y portât avec plaiſir, ſoit par l'intérêt qu'inſpire généralement tout ce qui fait l'eſpérance de la Patrie, ſoit par les liens particuliers dont les Elèves tiennent à toutes les claſſes de la Société.

Les anecdotes les plus mémorables de notre Hiſtoire, les actions des grands hommes divers que la Nation a poſſédés, pourroient être repréſentées par l'Athénœum pour en rendre le ſouvenir plus vivant, & faire ſervir les exemples au progrès du bonheur public.

Les évènemens politiques adminiſtreront d'autres occaſions aux aſſemblées de l'Athénœum. Pourquoi le Gouvernement n'auroit-il pas permis de fêter dans ce Temple les Notables que le Roi a raſſemblés auprès de ſon Trône pour concourir au bien de la France ? Cet endroit ſeroit propre pour y honorer & fêter les Membres des Etats généraux lorſqu'ils ſe trouveront convoqués. Les Citoyens de tous les Ordres rendroient par leur affluence cette fête, la plus intéressante des fêtes, & l'Athénœum feroit ses plus grands efforts pour en relever l'éclat par la pompe, la magnificence & le raffinement du goût le plus recherché, en vue de témoigner dans cette circonstance le sentiment de la Nation pour les Collaborateurs du grand ouvrage de la félicité publique.

Les guerres même que la France se trouve, pour ainsi dire, forcée par sa destinée de soutenir, fourniront des sujets propres à figurer dans ce sanctuaire. On s'y assemblera pour célébrer une victoire remportée par nos armées, un siége bien soutenu, une prise de ville, un poste enlevé par l'intelligence & la bravoure de nos troupes; pour y accueillir les Capitaines qui auront fait de grands exploits; pour applaudir à la modération & à la générosité d'un vainqueur envers l'ennemi; pour rendre hommage à la mémoire d'un Héros qui aura versé son sang pour le salut de la Patrie, pour l'honneur de la Nation, & pour la gloire du Monarque. On y annoncera aussi les actions de courage de nos braves guerriers simples soldats.

Le traité qui feroit renaître la paix avec nos ennemis, une alliance avec une Puissance étrangère, fourniront à l'Athénœum de nouvelles occasions

occaſions pour des fêtes & réjouiſſances; mais ſans attendre des évènemens rares & extraordinaires, il ſuffiroit de ſaiſir ceux qui ſe préſentent ſucceſſivement dans le ſein de la Capitale ou dans l'intérieur de la France, pour ne jamais manquer d'objets propres à des ſpectacles & à des fêtes civiques.

Enfin la bonté paternelle du Monarque qui nous gouverne, les vertus de notre Reine & de la Famille Royale, celles de tous nos Princes, les actions d'un Miniſtre, ami du Souverain & du Peuple, ſont autant de ſujets qui offriroient, à juſte titre, des ſolemnités pour l'Athénœum, ſolemnités qui ſerviroient à enflammer de plus en plus le cœur du François pour ſes auguſtes Monarques, & à exciter ſon activité en faveur des intérêts du Gouvernement.

Il ſeroit trop long d'énumérer les divers ſpectacles que l'Athénœum, en adoptant le vaſte plan dont il s'agit, ſeroit en état d'offrir au Public, ne fît-on que ſuivre les évènemens que la révolution des tems amenera dans les Sciences, les Lettres & les Arts, & dans la propagation & la pratique des vertus ſociales.

L'élite de Savans & d'Artiſtes qui préſidera à l'établiſſement & aux opérations de l'Athénœum, les *Servandoni* & les *Torré*, qui ſeront employés à ſes exécutions, ſauront rendre ſes jeux, ſes fêtes, ſes repréſentations & ſes ſpectacles aſſez variés pour piquer la curioſité univerſelle.

Le ſalon de l'Athénœum ſera donc particulièrement deſtiné aux grandes aſſemblées, auxquelles non-ſeulement le Souſcripteur abonné, mais tout le Public ſans diſtinction, pourra ſe trouver pour aſſiſter aux repréſentations, aux fêtes, aux jeux & ſpectacles qu'on y donnera dans les différens genres que nous venons de décrire.

Les autres objets que l'Athénœum ſe propoſera d'exécuter, demandent d'autres établiſſemens qu'il conviendroit de fixer à portée du ſanctuaire. Ces établiſſemens pourroient être placés dans les édifices qui forment l'enceinte du Palais Royal, & du ſanctuaire même qui ſe trouve heureuſement ſitué au centre de l'emplacement. Chacun de ces établiſſemens ſera conſidéré comme une branche de l'Athénœum, & ſera néanmoins diſtinct & ſéparé des autres, quoique tous réunis comme dépendans du même établiſſement, & tendans à un but commun. Nous appellerons en conſéquence ces divers établiſſemens les dépendances ou dépôts de l'Athénœum. Le premier de ces dépôts ſera un appartement vaſte, commode & bien décoré, qui ſera nommé *le rendez-vous de l'Athénœum*, où les Abonnés pourront s'assembler journellement depuis telle heure jusqu'à telle autre, pour y jouir du plaisir de la société; où ils touveront tous les papiers que les tems fourniront concernant les nouvelles publiques & littéraires. On aura soin de leur procurer aussi toutes les brochures & ouvrages périodiques des auteurs modernes, ainsi que les annonces & notices de tous les ouvrages que produiront successivement les Savans, soit nationaux, soit étrangers.

2°. Un deuxième dépôt également vaste & commode pour y donner des cours de Mathématiques, de Physique, de Chimie & d'Histoire naturelle, avec les machines, instrumens, cabinet, laboratoire, ustensiles & bibliotéque nécessaire (1).

3°. Un troisième dépôt pour des cours d'Anatomie & de Médecine, fourni d'un cabinet de pieces anatomiques artificielles, & d'une bibliothéque relative à ces deux sciences (2).

---

(1) Le Lycée actuellement existant ne demanderoit que quelque changement dans son institution & organisation pour servir à l'Athénœum.

(2) Il seroit sans doute avantageux & agréable au Public d'établir un dépôt destiné à des Cours d'Anatomie,

4°. Un quatrième dépôt pour des cours d'hiſtoire, de littérature, de politique, de diplo-

---

où les démonſtrations ne ſe feroient cependant que par des ſimulacres anatomiques, en vue d'épargner aux Amateurs de cette ſcience les dégoûts & déſagrémens des diſſections du corps humain. Ces démonſtrations n'étant que pour initier dans l'Anatomie les perſonnes des claſſes diſtinguées de la Société, qui ne s'adonneroient point à la profeſſion d'Anatomiſte, ni à aucun des Arts qui en demandent des connoiſſances exactes. Il paroît que le ſimulacre du corps humain, par des pièces artificielles, pourroit remplir l'objet, ainſi qu'il eſt pratiqué dans le Lycée & même quelquefois dans les Ecoles de Chirurgie.

Au Ludovicée de Montpellier on fait uſage du ſquelette en fil d'archal, imaginé par M. Laborie, Profeſſeur royal de Chirurgie aux Ecoles de Saint Côme, ſur le ſyſtême artériel, veineux & nerveux. Cette étonnante machine eſt conſidérée, à juſte titre, par les plus célèbres Anatomiſtes qui l'ont vue, comme un chef-d'œuvre de l'Art, propre à annoncer les ſublimes talens de ſon auteur. On rappellera auſſi les cours & démonſtrations que donnoit dans cette Capitale, il y a pluſieurs années, Mademoiſelle Biheron. Les pièces d'Anatomie artificielle, exécutées par cette célèbre Artiſte, ont été ſi renommées, que l'Impératrice de Ruſſie, aujourd'hui régnante, & le feu Roi de Pruſſe, voulurent les avoir à grand prix dans leur Cabinet d'Hiſtoire naturelle. Au ſurplus, on aura la reſſource de l'Atlas anatomique en impreſſion coloriée, de matique. On prononcera dans ce dépôt des discours, & on fera la lecture des meilleurs ouvrages, soit de Prose, soit de Poësie, des Auteurs anciens, & même des modernes lorf-

---

l'invention de feu M. d'Agoty, Graveur Anatomiste, Pensionnaire du Roi.

On croit aussi intéressant de réunir au dépôt qu'on propose ici, des Cours de Médecine. La propagation de cette science tend nécessairement à la conservation du Citoyen, sur-tout si les leçons des Cours qu'on donneroit avoient plutôt la forme d'un Manuel de Médecine-pratique, que celle de la Théorie, qui exige une étude suivie, pour former un grand Homme ou un Professeur dans cet Art.

Ce seroit dans ce dépôt que le Citoyen pourroit aisément s'instruire des moyens propres à conserver son individu. Ce seroit là que l'homme de l'Art l'avertiroit des dangers auxquels l'intempérie des saisons ou d'autres accidens exposent sa santé, & lui indiqueroit en même tems les ressources par lesquelles il pourroit s'en préserver ou s'en affranchir. Il y a plus, les pères & les mères pourroient apprendre à cette Ecole le régime le plus convenable à la bonne éducation physique de leurs enfans, pour les garantir des maladies ou les rendre à la santé. L'objet des connoissances qu'on seroit à portée d'acquérir avec tant d'aisance & d'agrémens, intéresse essentiellement tous les Citoyens; & on ne craint pas de dire que le Public accueilleroit avec charme un pareil établissement & en profiteroit avec empressement.

qu'ils feront jugés affez intéreffans pour être connus (1).

5°. On établira un cinquième dépôt pour des cours & des exercices des Langues étrangères les plus ufitées en Europe, comme la Langue Italienne, l'Efpagnole, l'Allemande & l'Angloife.

6°. Le fixième dépôt fervira à des cours d'Architecture, de Peinture, de Sculpture, de Gravure & de Deffin, & à recueillir les bons morceaux dans ces Arts pour en faire l'expofition, foit dans le dépôt même, foit dans le falon de l'Athénœum, à l'occafion des affemblées qui feront deftinées à cette partie.

7°. On établira un feptième dépôt pour un

(1) La Société littéraire, connue fous le nom des Neufs-Sœurs, qui réunit dans fon fein tant de perfonnages illuftres, par la naiffance, les dignités & les lumières, pourroit fe transférer dans l'enceinte du Palais Royal. Elle n'eft peut-être pas éloignée d'avoir la forme la plus convenable pour s'incorporer dans l'Athenœum, & concourir à un fi important Etabliffement, en rempliffant l'objet dont il eft queftion ici; & par-là l'Athénœum auroit l'avantage de trouver cet Etabliffement tout monté, organifé & compofé d'individus auffi dignes de fon inftitution que propres à fes vues.

cours de Théorie & de Pratique de la Science & Art de la Musique (1).

8°. Un huitième dépôt pour les exercices de la Danse.

9°. Un neuvième dépôt pour les Armes.

Ces différens établissemens formeront comme autant de parties de l'Athénæum, & seront présidés par la compagnie de Savans & d'Artistes, à qui la haute administration en aura été confiée par les Souscripteurs abonnés, en vertu d'une délibération de leur assemblée qui aura lieu pour cet effet chaque année à jour fixé, & suivant la forme qui aura été adoptée pour les suffrages.

L'administration nommera les Professeurs,

(1) Aucun Savant en musique ne seroit plus en état de former & de régir ce nouvel Etablissement que M. l'Abbé Roussier, ancien Président du Musée de Paris, connu par plusieurs Ouvrages, dont il a enrichi la science de la Musique, & notamment ceux sur la Musique des Chinois. Il eût été à souhaiter que l'intention où étoit M. le Baron de Breteuil de nommer ce Savant à la place de Professeur de l'Ecole de l'Académie royale de Musique, eût eu son effet pour l'avancement de cette science jusqu'ici négligée en France.

Les Elèves de Musique & nos Musiciens auroient déjà beaucoup profité des leçons d'un si bon Maître.

les Directeurs & les autres perſonnes néceſſaires à la manutention de ces dépôts; & leur aſſignera des honoraires proportionnés à l'importance de leurs fonctions.

Enfin, on établira un dixième dépôt ſous la dénomination de *Journal des actions remarquables.* On pourra s'adreſſer à ce dépôt pour faire parvenir à la connoiſſance des ſouſcripteurs de l'Athénœum les anecdotes & les évènemens qui arriveront, ſoit dans la Capitale, ſoit dans les Provinces du Royaume, & qui ſeront aſſez remarquables pour mériter l'intérêt de l'Athénœum par le rapport qu'ils auront aux vertus ſociales, à l'effet d'en exciter, propager & entretenir la pratique.

Ce dépôt prendra le ſoin de ſe procurer ces notices pour la correſpondance qu'il ouvrira touchant cet objet; il ſera chargé de tenir un regiſtre exact de toutes les actions de patriotiſme, d'héroïſme, de bienfaiſance & d'humanité qui lui paroîtront dignes de remarque, pour que, l'adminiſtration de l'établiſſement & ſes ſouſcripteurs en étant inſtruits, ſoient en état de déterminer les ſecours qu'ils jugeront à propos d'accorder pour le ſoulagement des victimes des évènemens, ou pour décerner des récompenſes, des encouragemens & des honneurs aux auteurs des actions remarquables, aux protecteurs ou rémunérateurs de la vertu. Ce dépôt ſera toujours ouvert, non-ſeulement aux abonnés, mais à tout le public pour y recevoir des ſouſcriptions en faveur des établiſſemens patriotiques que l'Athénœum aura décidé d'encourager ; ainſi qu'en faveur des infortunés ou autres auxquels il aura pris intérêt.

La direction de ce dépôt paroît trop importante, pour qu'elle ſoit confiée à d'autres qu'à un comité compoſé de l'élite des abonnés les plus illuſtres par la naiſſance, par les dignités, par les lumières & par la pratique des vertus ſociales. Il ſeroit bon même, pour éviter tout ſoupçon de partialité, que ce comité ne fût qu'annuel, & qu'à chaque année les Membres qui le compoſeroient fuſſent renouvellés & remplacés par de nouveaux abonnés qui ſeroient nommés dans une aſſemblée générale de ſouſcripteurs par l'acclamation univerſelle ou du moins par la pluralité des ſuffrages.

Tel eſt le projet de l'organiſation & exécution de l'Athénœum propoſé. Nous oſons eſpérer que l'eſſai que nous venons de faire ſur ſon développement, pourra faire connoître l'importance du projet, & la poſſibilité de l'exécuter dans cette Capitale où exiſtent toutes les reſſources propres à en aſſurer la réuſſite.

Tout femble d'ailleurs demander un tel établiffement dans le tems où nous vivons ; il paroît même indifpenfable, d'après les avantages qu'il préfente, & entr'autres celui de tout ranimer, & de tout vivifier, pour donner l'effor à la Nation vers fa profpérité ; auffi nous ne faurions appréhender que ce projet puiffe manquer d'être accueilli par le Gouvernement, dont tous les efforts tendent aujourd'hui à établir la profpérité nationale fur la bafe la plus folide.

Nous ne penfons pas non plus devoir nous arrêter aux difficultés que cet établiffement rencontreroit peut-être de la part de l'Académie royale de Mufique, ces fortes d'obftacles fe furmonteroient aifément, foit au moyen d'arrangemens particuliers entre les deux établiffemens, foit à l'aide de l'interpofition de l'autorité.

Il eft tems préfentement d'expofer nos idées fur les moyens que nous croyons les plus efficaces pour la fondation de l'Athénœum, fur la forme de fa manutention, & fur fa dépenfe & fon produit.

D'abord cet établiffement n'étant qu'en faveur du public, & en vue de lui procurer les avantages que nous venons de démontrer, & les jouiffances qui en feroient inféparables, la dépenfe de fa fondation & de fa manutention doit être à la charge du public. On trouvera une grande ressource chez les personnes qui voudront s'abonner pour avoir part à toutes les assemblées, fêtes & spectacles de l'Athénœum, & à tous les cours, exercices, & assemblées des différens dépôts que nous avons proposé d'établir. Les abonnemens particuliers des amateurs pour les uns ou les autres objets, suivant leur goût & le genre des Sciences & des Arts qu'ils préférent, aideront aussi au soutien de l'établissement. Enfin, le prix d'entrée que payeront ceux que la seule curiosité ou le plaisir momentané attirera dans ce sanctuaire lors des grandes assemblées, formera sans doute un grand produit, qui mettra l'Athénœum en état de subvenir à ses dépenses.

Pour tracer un aperçu de ces trois ressources & du montant auquel elles pourront s'élever, il nous convient de fixer le nombre des spectateurs que le salon de l'Athénœum pourra recevoir dans son sein. L'Architecte qui en a été le constructeur, nous a assuré que ce local peut contenir douze mille spectateurs, tant assis que de bout. Supposons présentement que les spectacles qu'offrira l'Athénœum, puissent attirer un nombre de spectateurs proportionné à la capacité du local ; n'en résulteroit-il pas que chaque repréſentation, en raiſon d'un écu par perſonne, produiroit une ſomme de 36,000 l. ? Ne ſupposons que quatre repréſentations par mois; on auroit donc un produit de 144,000 liv. par mois, & une ſomme de 1,728,000 liv. par an. Ce produit deviendroit plus conſidérable toutes fois qu'on multiplieroit les repréſentations, & ſurtout ſi le taux du prix de l'entrée des ſpectateurs étoit porté au-delà d'un écu par perſonne, & celui des abonnemens laiſſé à la généroſité des Princes, des Seigneurs & autres perſonnes diſtinguées, que l'intérêt en faveur d'un établiſſement important pour la Capitale & la Nation, engageroit à des ſacrifices pour le ſuccès de ſon entrepriſe. Il y a plus, nous oſons avancer que dans toutes les hypothèſes poſſibles cet établiſſement, dès-qu'il auroit ſoin de ſaiſir le goût du public, auroit de ſes ſpectacles un produit immenſe, & plus que ſuffiſant pour ſa dépenſe, laquelle d'ailleurs ne pourra jamais excéder la recette, toutes les fois qu'on voudra en proportionner l'étendue, d'après l'expérience de quelque repréſentation. Au reſte, les abonnemens offriront un fonds certain ſur lequel l'Athénœum pourra compter pour commencer ſon entrepriſe.

Voici l'aperçu de la dépenſe qu'il nous eſt

préſentement poſſible de mettre ſous les yeux du public.

On doit compter pour premier article de dépenſe le prix de loyer de l'édifice, formant le ſanctuaire ou ſalon de l'Athénœum.

2°. Le loyer des emplacemens deſtinés à recevoir les dix dépendances ou dépôts de l'établiſſement ; 3°. le loyer des magaſins de décorations, de machines, meubles & uſtenſiles ſervans aux grandes aſſemblées du ſalon, aux jeux, fêtes, repréſentations & ſpectacles ; 4°. le loyer des emplacemens des bureaux de la manutention & adminiſtration. Cette dépenſe ſera annuelle, & nous eſtimons qu'elle n'excédera point la ſomme de 150,000 livres.

Le deuxième article de la dépenſe, c'eſt celui des décorations, des machines, de l'ameublement & des uſtenſiles néceſſaires aux aſſemblées, jeux, repréſentations & ſpectacles du ſalon. Cette dépenſe ſera ſans doute fort conſidérable, & ne pourroit s'évaluer que par les Artiſtes verſés dans ce genre, d'après l'inſpection du local & l'examen des plans qui auroient été adoptés pour les repréſentations & les ſpectacles. Il eſt à remarquer que dès que l'établiſſement ſe trouvera avoir un aſſortiment de ces objets ſuffiſans pour les différens ſpectacles analogues à son institution, cette branche de dépense diminuera d'autant plus qu'il ne sera plus question alors que de frais d'entretien & réparations, & que de très-peu de constructions nouvelles. On doit donc distinguer dans cette dépense, celle qu'exige l'établissement du premier moment de sa fondation, & celle qui sera annuelle & à peu près toujours la même ; nous prenons sur nous d'estimer la première à la somme de 300,000 l. & l'autre à 50,000 liv. par année.

Le troisième article de la dépense concerne l'ameublement & les ustensiles des appartemens où seront placés les dépôts ci-dessus désignés ; on estime que cette dépense ne pourra point excéder une somme de 20,000 liv. par chaque dépôt, & d'autant moins qu'il en est qui ne demandent pas beaucoup de meubles & ustensiles, ni une riche décoration, comme par exemple, les atteliers d'Architecture, Peinture, Sculpture, Gravure & Dessin, ainsi que la salle de Danse & celle des Armes. Or, en évaluant cet objet à une somme de 20,000 liv. pour chacun des dix dépôts, il en résultera une dépense totale de 200,000 liv. ; les frais d'entretien & de réparation joints à quelqu'augmentation qu'il pourroit arriver de faire lorsque l'amélioration ou extension de l'établissement l'exigeroit, ne se porteroient, selon toute apparence, qu'à une somme annuelle de 30,000 liv., en comptant ces dépôts les uns dans les autres, à 3,000 liv. chacun.

La Bibliothéque, qui est indispensable à l'Athénœum, pour les Cours dans les Sciences & dans la Littérature, & même dans les Arts, offre le quatrième article de dépense. Pour le premier moment de l'Etablissement, on estime que la somme de 24,000 liv. pourroit suffire au besoin. Cette Bibliothéque s'accroîtra dans la suite, en y destinant un fonds de 12,000 liv. par an.

Les machines & instrumens pour les Mathématiques & la Physique, présentent le cinquième article. Il est à croire qu'il seroit indispensable de consacrer un fonds de 30,000 liv. à cette dépense, & d'assigner une somme de 12,000 liv. au complément d'un Cabinet de Mathématique & de Physique, tel que pourra requérir l'institution de l'Athénœum.

Le sixième article regarde le Laboratoire de Chimie & le Cabinet d'Histoire Naturelle; ces deux objets également nécessaires à l'Etablissement dans son commencement, nous les évaluons à 24,000 liv.; & pour la suite on assignera un fonds de 12,000 liv., à employer annuellement à leur accroiſſement.

Le ſeptième article concerne le dépôt d'Anatomie & de Médecine. On eſtime à 12,000 liv. la dépenſe d'un Cabinet de Pièces anatomiques artificielles, & de la Bibliotheque eſſentielle à ces deux branches de l'Etabliſſement, & on aſſigne une ſomme annuelle de 6,000 liv. pour leur accroiſſement & leur entretien.

Nous apercevons le huitième article dans les modèles que demanderont les dépôts d'Architecture, Peinture, Sculpture, Gravure & Deſſin, pour ſervir aux Cours qu'on y donnera dans tous ces différens genres. Un fonds de 24,000 liv. pourroit ſuffire à cet objet pour le début de l'Etabliſſement, & l'augmentation s'opérera enſuite par une ſomme de 12,000 liv. qu'on y deſtinera par année.

Pour le neuvième article, nous mettrons en ligne de dépenſe les inſtrumens de muſique & les compoſitions des divers grands Maîtres, dont il ſera fait uſage dans les Cours de Muſique, ainſi que les ouvrages des Auteurs claſſiques, qui ont le mieux écrit ſur cette ſcience & art.

Il paroît que pour la première année la dépenſe de ce genre n'exigera pas au-delà d'une

ſomme

ſomme de 12,000 liv., & un fonds annuel de 6,000 liv. pour les années ſuivantes.

La dixième branche de la dépenſe comprendra les honoraires, les appointemens, les gages, les ſalaires & les rétributions des perſonnes qui ſeront employées par l'Athénœum. On y comprendra auſſi les frais de Bureaux, ceux de l'impreſſion des *Proſpectus*, Annonces, Affiches, Lettres d'invitation, diſcours, même les ouvrages de Littérature ou ſur les Sciences qui ſeront reçus, prononcés ou diſtribués dans les Aſſemblées particulières ou publiques de l'Athénœum, & autres objets d'impreſſion, comme Papiers publics pour les nouvelles, ſoit politiques, ſoit littéraires.

Il conviendra en effet d'offrir des honoraires aux Savans & aux Artiſtes qui compoſeront le conſeil qui préſidera à l'adminiſtration de l'Athénœum. Cette dépenſe ſera en raiſon du nombre des Membres dont on croira compoſer ce Conſeil. On propoſe de fixer leur nombre à neuf perſonnes qui auront le titre d'Adminiſtrateurs généraux de l'Athénœum, parmi leſquels on en choiſira un pour remplir les fonctions de Préſident de l'Adminiſtration. On croit qu'il faudra établir, par une loi fondamentale de l'inſtitution, que quatre de ces Adminiſtrateurs ſoient toujours choiſis dans la claſſe des Savans, & les quatre autres dans celle des Artiſtes, & que le Préſident ſoit un homme célèbre & verſé autant dans les Sciences que dans les Arts. Il paroît qu'il feroit de la dignité de l'Athénœum de fixer à une ſomme raiſonnable les honoraires de ces Adminiſtrateurs, & que par conſéquent ils ne devroient pas être au-deſſous de 6,000 liv. pour chacun, ce qui feroit pour les neuf Membres une ſomme annuelle de 54,000 liv. Le Secrétaire de l'Adminiſtration ſera auſſi choiſi parmi les Savans, & ſes honoraires ſeront les mêmes que ceux des Adminiſtrateurs; & dès-lors cette dépenſe ſe montera à 60,000 liv. par an.

On eſtime que le dépôt dénommé *le rendez-vous de l'Athénœum* pourra exiger, pour ſa manutention, deux hommes de lettres ſous la dénomination de Directeurs, à chacun deſquels on attribuera une ſomme annuelle de 2,000 liv. pour honoraires.

Le dépôt des Mathématiques, de Phyſique, de Chimie & d'Hiſtoire naturelle, ne pourra ſe diſpenſer au moins d'un Savant dans chacune de ces ſciences, leſquels ſeront déſignés ſous le nom de Profeſſeurs, & dont les honoraires ne pourront être moindres de 3,000 liv. pour chacun. Trois Profeſſeurs pour le dépôt de l'Hiſtoire de la Politique & Diplomatique, & de Littérature, avec les mêmes honoraires de 3,000 liv. chacun.

Le dépôt d'Anatomie & de Médecine employera à ses Cours un savant Anatomiste & un savant Médecin, auxquels on ne pourroit offrir pour leurs honoraires moins de 3,000 liv. par an pour chacun.

Le dépôt des langues étrangères demande au moins un Professeur de langue italienne, un deuxième de langue espagnole, un troisième de langue allemande, & un quatrième de langue angloise. On estime les honoraires de ces Professeurs à raison de 2,000 liv. pour chacun.

Un Architecte, un Peintre, un Sculpteur, un Graveur & un Dessinateur choisis parmi nos plus célèbres Artistes, seront attachés au dépôt qui sera destiné aux Arts de leur genre, & ils auront des honoraires proportionnels, qu'on estime ne devoir pas être portés à moins de 3,000 liv. pour chacun de ces Artistes.

Le dépôt de Musique a besoin au moins d'un Professeur pour la théorie de la science, & trois des meilleurs Musiciens exécutans pour la pratique de l'Art. Le premier aura une somme 3,000 liv. pour ses honoraires, & les trois Praticiens une somme de 1,500 liv. pour chacun.

Un des plus habiles Danseurs suffira pour le dépôt de la danse, avec des appointemens de 2,000 liv.

Et pareillement un de nos plus estimés Maîtres dans les armes pour les exercices de cet Art, & avec des appointemens de 2,000 liv. par an.

Enfin le dépôt dénommé le *Journal des actions remarquables*, exige un Directeur pour régir cet établissement sous les ordres du Comité des Abonnés, qui seront nommés pour cet effet par une délibération du corps des Souscripteurs de l'Athénœum. Ce Directeur doit être choisi parmi les hommes de Lettres, pour qu'il soit en état de tenir la correspondance nécessaire de cet établissement avec l'extérieur, de rédiger les faits, les anecdotes, les évènemens & tous les objets qui pourront concerner son institution, & d'en dresser des registres & des feuilles ou hebdomadaires ou journalières, ainsi que les différens Prospectus, Annonces, Affiches & Ecrits, relativement aux souscriptions à ouvrir.

On ne pourroit offrir à ce Directeur moins de 3,000 liv. pour ses honoraires. Il est en outre nécessaire qu'il y ait un Trésorier chargé de recevoir le produit des souscriptions, & d'en payer le montant aux personnes auxquelles l'établissement aura accordé des prix, des récompenses, des gratifications, des secours & des encouragemens. Il seroit aisé de trouver dans le Comité des Abonnés une personne qui, par honneur, exerceroit cette place gratuitement, à l'aide d'un simple Caissier qu'il auroit à ses ordres, & dont les appointemens seroient fixés à 1,500 liv. par an.

L'Administration générale de l'Athénæum doit aussi avoir un Directeur général & au moins deux Sous-Directeurs, ainsi qu'un Caissier général. On attribuera au premier des honoraires de 4,000 liv. par an, & 2,000 liv. pour ses deux subalternes. On donnera des appointemens de 3 ou 4,000 liv. à la personne qui gérera la caisse générale de cet établissement.

On estime les appointemens des Commis des différentes branches de la manutention à la somme annuelle de 24,000 liv. Il faudra pareille somme pour les gages des Ouvriers & Individus qui y seront ordinairement employés, sans compter cependant ceux que les circonstances extraordinaires obligeront d'avoir, selon le besoin de l'établissement.

Le onzième article de la dépense concernera les frais d'impression des Prospectus, Annonces, Affiches, Journaux, Feuilles, Lettres, & les Ouvrages qu'il conviendra de faire imprimer.

Cet objet ſera très-conſidérable pour la dépenſe ; & en conſéquence il ſera fort avantageux pour l'Athénœum d'obtenir du Gouvernement la permiſſion de faire imprimer pour ſon compte & d'avoir une preſſe. Dans cette hypothèſe nous évaluerons cette dépenſe à la ſomme de 24,000 l. par année.

Le douzième article ſera la fourniture des choſes uſuelles, comme bois de chauffage, huile & chandelle, & autres choſes du même genre. Le montant de cette dépenſe ne pourra être eſtimé au juſte que d'après l'expérience de la première année de l'établiſſement. On le mettra néanmoins en ligne de compte pour 50,000 liv. par an.

L'Orcheſtre formera le treizième article des frais ordinaires. Il paroît poſſible d'établir cette dépenſe à un taux fixe au moyen d'un arrangement avec l'Orcheſtre de l'Opéra. On ſuppoſe l'Orcheſtre formé de ſoixante Muſiciens, qui coûteroient, les uns dans les autres, 500 liv. chacun, & 30,000 liv. par année. Dans cette ſomme on ne comprendroit pas les récompenſes & rétributions des *Virtuoſi* & des Muſiciens Etrangers qu'on feroit entendre dans le Salon de l'Athénœum, lorſqu'il s'en préſenteroit d'aſſez fameux pour être admis à faire connoître leur talent. Pour ce qui eſt des Amateurs dont on exécuteroit les compoſitions qui ſeroient jugées d'un rare mérite, l'Athénœum ne leur attribuera que des récompenſes d'honneur.

Les mêmes rétributions pour les habiles Danſeurs & les Maîtres dans les armes, dont la réputation fera déſirer au Public de voir des aſſauts. Par exemple, on prélevera en leur faveur quelque portion de la recette que produiront ces ſortes d'exercices par le prix d'entrée que payeront les ſpectateurs.

Tous ces objets formeront ſans doute une dépenſe immenſe, laquelle, ſuivant l'état que nous venons d'en faire, s'élevera, ſoit en dépenſe à faire une fois pour toujours, ſoit en dépenſe annuelle au montant ci-après.

SAVOIR:

	Dépenſe à faire une fois pour toujours.	Dépenſe annuelle.
Article premier. Loyer des emplacemens de l'Athénœum, & des dépôts & dépendances, ci	. . .	150,000 l.
Article II. Décorations, Machines, Ameublemens, Uſten-		

	Dépenſe à faire une fois pour toujours.	Dépenſe annuelle.
Montant de l'autre part . .	. . .	150,000 l.
ſiles ſervans au Salon de l'Athénœum, ci	300,000 l.	
Idem. Entretien, Réparations & Conſtructions nouvelles, ci..	. . .	50,000
Article III. Ameublemens & Uſtenſiles des dépôts, ci . . .	200,000	
Idem. Entretien, Réparations & Conſtructions nouvelles, ci..	. . .	30,000
Article IV. Bibliothèque, ci..	24,000	
Idem. Augmentation, ci. . .	. . .	12,000
Article V. Machines & Inſtrumens de Mathématiques & de Phyſique, ci	30,000	
Idem. Entretien, Réparations & Augmentation, ci . . .	. . .	12,000
Article VI. Laboratoire de Chimie & Cabinet d'Hiſtoire naturelle, ci	24,000	
Idem. Entretien, Réparations & Augmentation, ci . . .	. . .	12,000
Article VII. Cabinet d'Anatomie, & Bibliothèque relative à cette Science & à celle de Médecine, ci	12,000	
Idem. Entretien & Augmentation, ci	. . .	6,000
Article VIII. Modeles d'Architecture, de Peinture, de Gravure & de Deſſin, ci . .	24,000	
Idem. Augmentation, ci . .	. . .	12,000
Article IX. Inſtrumens de Muſique & Compoſitions, &		
	614,000	284,000

	Dépense à faire une fois pour toujours.	Dépense annuelle.
Montant de ci-contre . . .	614,000 l.	284,000 l.
Ouvrages des grands Maîtres, ci.	12,000	
Idem. Augmentation, ci . .	. . .	6,000
Article X. Honoraires des cinq Savans & des quatre Artistes, Membres du Conseil de l'Administration de l'Athénœum & du Secrétaire, ci . . .	. . .	60,000
Des deux Directeurs du dépôt le *rendez-vous de l'Athénœum*, ci	. . .	4,000
Des quatre Professeurs de Mathématiques, de Physique, de Chimie & d'Histoire naturelle, ci	. . .	12,000
Des trois Professeurs d'Histoire, de Politique, de Diplomatique & de Littérature, ci . .	. . .	9,000
D'un Professeur d'Anatomie & un autre de Médecine, ci . .	. . .	6,000
Des quatre Professeurs des Langues étrangères, ci . .	. . .	8,000
D'un Architecte, d'un Peintre, d'un Sculpteur, d'un Graveur & d'un Dessinateur, ci. . .	. . .	15,000
D'un Professeur de la Théorie, de la Musique, & de trois Musiciens-Praticiens, ci . . .	. . .	7,500
D'un Danseur & d'un Maître de l'Art des armes, ci . . .	. . .	4,000
D'un Directeur du dépôt du *Journal des actions remarquables*, & d'un Trésorier, ci . .	. . .	4,500
	626,000	420,000

	Dépense à faire une fois pour toujours.	Dépense annuelle.
Montant de l'autre part . .	626,000 l.	420,000 l.
D'un Directeur général de la manutention de l'Athénæum, & des deux Sous-Directeurs, ci . .	. . .	8,000
D'un Caissier général, ci . .	. . .	4,000
Appointemens des Commis de la manumention, ci . .	. . .	24,000
Article XI. Imprimerie & frais d'impression, ci . . .	. . .	24,000
Art. XII. Choses usuelles, ci.	. . .	50,000
Article XIII. Orchestre, ci . .	. . .	30,000
TOTAUX	626,000 l.	560,000 l.

En supposant le produit de l'établissement, tel que nous l'avons ci-dessus évalué, à la somme de 1,728,000 liv., il resteroit une somme considérable, soit pour les dépenses qui excéderoient le montant de l'état d'aperçu que nous en avons formé, soit pour celles des jeux, des représentations & spectacles qu'on voudroit donner au Public dans le salon de l'Athénœum.

Quoi qu'il en puisse être, le produit des abonnemens des souscriptions sera fort considérable, & de même celui du prix d'entrée que payeront les autres spectateurs. Au surplus, la dépense ne surpassera en aucun cas la recette, pourvu que les aſſemblées de l'Athénœum, ſes jeux, ſes repréſentations & ſes ſpectacles offrent ſans ceſſe un nouvel attrait aux Curieux, & que les différens établiſſemens qu'il renfermera dans ſon ſein préſentent les avantages qui en ſeront inſéparables lorſqu'ils ſeront organiſés, ſuivant les plans de ſageſſe que nos Hommes célèbres & nos meilleurs Artiſtes s'empreſſeront de propoſer, lorſqu'ils ſeront aſſurés que le projet aura été adopté, & que ſon exécution aura lieu; enfin lorſque la manutention de l'Athénœum ſera bien dirigée.

Cette entrepriſe pourroit même s'exécuter par forme de régie, dont les Adminiſtrateurs compteroient de Clerc à Maître avec les Actionnaires ou Abonnés. Les fonds que cette exécution exigeroit, ſe trouveroient aiſément par les Souſcriptions, ſoit pour prendre des actions d'intérêts dans l'entrepriſe, ſoit pour s'abonner à toutes les aſſemblées, repréſentations, fêtes, ſpectacles, cours & exercices qui auront lieu dans l'Athénœum. Il faudroit pour cela que cet établiſſement fût annoncé au Public par un *Proſpectus*, propre à faire connoître ſon importance & tous les avantages & jouiſſances qui en réſulteroient pour la Capitale & la Nation. Ce moyen ſeroit d'un ſuccès immanquable, ſi le projet étoit accueilli & autoriſé par le Gouvernement, ainſi qu'on croit pouvoir l'eſpérer.

Enfin cette entreprise étant dirigée avec sagesse & habileté, pourroit donner un bénéfice proportionné aux avances de fonds qu'elle exige, & les Entrepreneurs auroient, pour surcroit de récompense, l'honneur d'avoir fondé un établissement qui, en donnant de l'énergie à tout ce qui tend au progrès des Sciences, des Lettres, des Arts & des Vertus sociales, & par conséquent à l'avancement du bien public, feroit à la fois non-seulement le charme de la Capitale, mais l'admiration des Etrangers, que sa renommée & les merveilles qu'ils y trouveroient, y attireroient des pays les plus éloignés.

POST SCRIPTUM.

Le juſte hommage que M. le Directeur général des Finances vient de rendre à la Nation Françoiſe, en ſoumettant à la conſidération des Etats généraux la traite des Nègres, garantit, ſans doute, le ſort préſagé par l'Auteur de cet opuſcule, en faveur de cette portion de l'eſpèce humaine dans nos Colonies. Puiſſe le plan de la reſtauration de la France être marqué dans toutes ſes parties au coin de l'Humanité qui diſtingue la Nation, & convenir à ſa majeſté & à ſa puiſſance! Que ce grand ouvrage concilie tous les intérêts, non-ſeulement des François entr'eux, mais encore des François avec ceux de tous les hommes, afin qu'arrivé à ſon point de perfection, il engage l'Univers entier à voter pour l'éternité de la Monarchie la plus ancienne & du meilleur des Gouvernemens! Puiſſe ainſi Louis XVI voir ſon unique paſſion, celle du bonheur de ſon Peuple, ſatisfaite dans toute ſon étendue, ſans que ſa jouiſſance éprouve jamais ni trouble, ni diminution! Ce ſont les vœux d'un Etranger, qui s'eſtime heureux de ſe retrouver dans la patrie de ſes aïeux, ſous les loix d'un tel Monarque.

APPROBATION.

J'AI lu par ordre de Monſeigneur le Garde des Sceaux, ce Manuſcrit, intitulé : *Athénæum*, &c. & je n'y ai rien trouvé que de très-utile pour le bien des Arts & de l'Inſtruction publique. A Paris, le premier Avril 1789.

DE LA LANDE, Cenſeur Royal.

PRIVILÉGE DU ROI.

LOUIS, par la grace de Dieu, Roi de France & de Navarre : A nos amés & féaux Conſeillers, les Gens tenans nos Cours de Parlement, Maîtres des Requêtes ordinaires de notre Hôtel, Grand Conſeil, Prévôt de Paris, Baillis, Sénéchaux, leurs Lieutenans Civils, & autres nos Juſticiers qu'il appartiendra : SALUT. Notre amé le Sieur MONIER, Avocat de Turin, Nous a fait expoſer qu'il deſireroit faire imprimer & donner au Public *l'Athénæum ou Idées d'un Citoyen, ſur le nouvel Edifice conſtruit dans l'enceinte du Palais Royal*, s'il Nous plaiſoit lui accorder nos Lettres de Permiſſion pour ce néceſſaires. A CES CAUSES, voulant favorablement traiter l'Expoſant, Nous lui avons permis & permettons par ces Préſentes, de faire imprimer ledit Ouvrage autant de fois que bon lui ſemblera, & de le faire vendre & débiter par-tout notre Royaume; pendant le temsde cinq années conſécutives, à compter du jour de la date des Préſentes. Faiſons défenſes à tous Imprimeurs, Libraires, & autres perſonnes, de quelque qualité & condition qu'elles ſoient, d'en introduire d'impreſſion étrangère dans aucun lieu de notre obéiſſance; à la charge que ces Préſentes ſeront enregiſtrées tout au long ſur le Regiſtre de la Communauté des Imprimeurs & Libraires de Paris, dans trois mois de la date d'icelle; que l'impreſſion dudit Ouvrage ſera faite dans notre Royaume & non ailleurs, en bon papier & beaux caracteres, que l'Impétrant ſe conformera en tout aux

Réglemens de la Librairie, & notamment à celui du 10 Avril 1725, & à l'Arrêt de notre Conseil du 30 Août 1777, à peine de déchéance de la présente Permission ; qu'avant de l'exposer en vente, le Manuscrit qui aura servi de copie à l'impression dudit Ouvrage, sera remis dans le même état où l'approbation aura été donnée, ès mains de notre très-cher & féal Chevalier Garde des Sceaux de France, le Sieur BARENTIN ; qu'il en sera ensuite remis deux Exemplaires dans notre Bibliothéque publique, un dans celle de notre Château du Louvre, un dans celle de notre très-cher & féal Chevalier, Chancelier de France, le Sieur DE MAUPEOU, & un dans celle dudit Sieur BARENTIN : le tout à peine de nullité des Présentes. Du contenu desquelles vous mandons & enjoignons de faire jouir ledit Exposant & ses ayans cause pleinement & paisiblement, sans souffrir qu'il leur soit fait aucun trouble ou empêchement. Voulons qu'à la copie des Présentes, qui sera imprimée tout au long, au commencement ou à la fin dudit Ouvrage, foi soit ajoutée comme à l'original. Commandons au premier notre Huissier ou Sergent sur ce requis, de faire, pour l'exécution d'icelles, tous actes requis & nécessaires, sans demander autre permission, & nonobstant clameur de haro, charte normande & lettres à ce contraires. CAR tel est notre plaisir. DONNÉ à Versailles le treizieme jour du mois de Mai, l'an de grace mil sept cent quatre-vingt-neuf, & de notre règne le seizieme. Par le Roi, en son Conseil, LE BEGUE.

Registré sur le Registre XXIV de la Chambre Royale & Syndicale des Libraires & Imprimeurs de Paris, n°. 2004, fol. 176, conformément aux dispositions énoncées dans la présente Permission ; & à la charge de remettre à ladite Chambre les neuf Exemplaires prescrits par l'Arrêt du Conseil du 16 Avril 1785. A Paris, le 19 Mai 1789. KNAPEN, *Syndic.*

www.ingramcontent.com/pod-product-compliance
Ingram Content Group UK Ltd.
Pitfield, Milton Keynes, MK11 3LW, UK
UKHW020357180726
13839UKWH00003B/1161